BEI GRIN MACHT SICH IHR WISSEN BEZAHLT

AF145435

- Wir veröffentlichen Ihre Hausarbeit, Bachelor- und Masterarbeit

- Ihr eigenes eBook und Buch - weltweit in allen wichtigen Shops

- Verdienen Sie an jedem Verkauf

Jetzt bei www.GRIN.com hochladen und kostenlos publizieren

Bibliografische Information der Deutschen Nationalbibliothek:

Die Deutsche Bibliothek verzeichnet diese Publikation in der Deutschen National-bibliografie; detaillierte bibliografische Daten sind im Internet über http://dnb.d-nb.de/ abrufbar.

Impressum:

Copyright © 2016 GRIN Verlag, Open Publishing GmbH
Druck und Bindung: Books on Demand GmbH, Norderstedt Germany
ISBN: 9783668472471

Dieses Buch bei GRIN:

http://www.grin.com/de/e-book/369316/generationen-der-wissenschaften-in-daniel-kehlmanns-die-vermessung-der

Thomas Roesnick

Generationen der Wissenschaften in Daniel Kehlmanns "Die Vermessung der Welt"

Die revolutionäre Forschungsreise des Alexander von Humboldt zur Widerlegung des Neptunismus als Beispiel individueller Bildungswege

GRIN Verlag

GRIN - Your knowledge has value

Der GRIN Verlag publiziert seit 1998 wissenschaftliche Arbeiten von Studenten, Hochschullehrern und anderen Akademikern als eBook und gedrucktes Buch. Die Verlagswebsite www.grin.com ist die ideale Plattform zur Veröffentlichung von Hausarbeiten, Abschlussarbeiten, wissenschaftlichen Aufsätzen, Dissertationen und Fachbüchern.

Besuchen Sie uns im Internet:

http://www.grin.com/

http://www.facebook.com/grincom

http://www.twitter.com/grin_com

Humboldt-Universität zu Berlin

Insititut für deutsche Literatur

BA Modul: Text- und Medienanalyse I

Seminar: Oh Boy. Generationsverhältnisse und -konflikte in Literatur und Film

der Gegenwart

Sommersemester 2016

Generationen der Wissenschaften

in Daniel Kehlmanns *Die Vermessung der Welt*

Die revolutionäre Forschungsreise des Alexander von Humboldt zur Widerlegung
des Neptunismus als Beispiel individueller Bildungswege

Thomas Roesnick

Inhaltsverzeichnis

1. Einleitung

> In der Ferne heben sich tobende Vulkane in die Höhe, sie scheinen der Welt den Untergang zu drohen, jedoch unerschüttert bleibt die Grundfeste, auf der ich noch sicher ruhe [...][1]

(Johann Wolfgang Goethe, 1784)

Als bekennender Anhänger der Neptunisten schrieb Johann Wolfang Goethe in den Winternächten des Januars 1784 *Über den Granit*, das erste seiner naturwissenschaftlichen Schriftstücke. Der Vulkanismus galt für ihn zu diesem Zeitpunkt als Ursprung der Zerstörung, als unberechenbares Chaos im Gegensatz zur regelhaften Schöpfung der Erde durch Wasserkräfte. In den Jahren vor seinem Tod erst übernahm Goethe nach einschlägigen Felderfahrungen die Rolle eines Vermittlers zwischen Plutonisten und Neptunisten. Anhand des Beispiels der Person des Johann Wolfgang Goethe ist das Ausmaß des Konfliktes von Verfechtern des Plutonismus und Neptunismus im 18. und 19. Jahrhundert exemplarisch festzumachen. Die Weltanschauung war eine zentrale Frage dieser Zeit und vielmehr ging es um das Aufeinandertreffen von Generationen, das Auflehnen von Schülern gegen Lehrende. Aus der Folge dessen wurden bestehende Bildungsmodelle in Frage gestellt. Selbst auf die Suche nach Antworten zu gehen, wie es Alexander von Humboldt (1769-1859) getan hat, war ein Lösungsansatz auf diesem Weg.

Diese Hausarbeit befasst sich mit individuellen Bildungswegen mit dem Ziel das lesende Publikum, vorinformiert oder themenfremd, über die eigenen Bildungsvorstellungen und deren Erwerben von Wissen nachdenken zu lassen. Die gestellten Fragen des Sachverhalts lassen hoffentlich keinen Leser meinungslos zurück. Eine Kommunikation zwischen Autor und Adressatenkreis ist deshalb vorzüglich erwünscht. Was bedeutet Lernen und vielmehr Wissenschaft? Das Bereisen der Welt mit eigenen Beobachtungen bis hin zu körperlichen Grenzerfahrungen? Oder das eifrige Studieren in Büchern von bereits erforschten Themengebieten? Was ist Bildung und welche Prozesse durchläuft ein Mensch zur Aneignung dieser? Wer gilt als gebildeter Mensch? Stellte ich mir anfänglich diese Fragen, interessierte mich im Verlauf des Schreibens eine größere Problematik: Was muss ein Mensch leisten, um

---

[1]Goethe 1784, S. 254.

3

lebenslang als gebildet erachtet zu werden? Hat ein Bildungsweg einen fixierten Endpunkt?

Als Gegenstand zur Bewältigung dieser und weiterer spannender Fragen dient als Primärliteratur die Taschenbuchausgabe des 2005 im Rowohlt-Verlag erschienenen Romans *Die Vermessung der Welt* von Daniel Kehlmann. Der 1975 in München geborene Autor bietet mindestens drei große Bildungsmodelle seinen Lesern an. Diese zeige ich auf und verknüpfe sie mit einer weiteren von Kehlmann behandelten Thematik, der Wissenschaftsgenerationen und wie unterschiedlich der Lebensverlauf eines Wissenschaftlers sein kann. Das engformulierte Thema dieser Hausarbeit hat die Bewandtnis, einen Themenkreis mit Problemen möglichst genau einzugrenzen und mit Hilfe von Konzepten und Verfahren zu analysieren. Die Recherche der Sekundärliteratur erfolgte mit der Intention, aktuelle Forschungergebnisse, besonders in Bezug auf Bildung, zu benutzen ohne ältere Quellen gänzlich zu verbannen.

Das Ziel der Hausarbeit ist es nicht zu überprüfen, ob Carl Friedrich Gauß (1777-1855) tatsächlich der „größte Mathematiker des Landes"[2] gewesen ist. Gegenstand der Betrachtungen sind die Figuren des Romans in der fiktionalen Welt von Kehlmann, nicht aber die realhistorischen Personen. Ich unternehme keine biographischen Vergleiche zwischen Figuren und Personen, gebe aber vereinzelt Einblicke in geschichtliche Hintergründe. Biographien des Alexander von Humboldt und nicht zuletzt seine Aufzeichnungen *Die Reise nach Südamerika* assistieren unterstützend, um die Zusammenhänge und den Wortwitz der Figurenzeichnungen in Kehlmanns fiktiver Doppelbiographie weitreichender in deren Wirkung verstehen zu können. Stilistisch gestalte ich alle Textabschnitte um realhistorische Personen und Ereignisse im Tempus Präteritum, alle Geschehnisse im Roman und Analysen hingegen, außer Zitate, sind im Präsens gehalten, um eine strikte Trennung von Personen und Figuren zu gewährleisten. In der Hausarbeit thematisiere ich Bildungswege, aber führe keine Grundsatzdiskussion über den Sinngehalt, Vor- und Nachteilen, aktueller Schulbildungssysteme oder die Vermittlung von Wissen an Universitäten.

Eine besondere Aufmerksamkeit lege ich auf die Südamerikaforschungsreise (1799-1804) von Humboldt. Der Höhepunkt seines Wissenschaftlertums und ein unvergleichbares Zeugnis der Wissensproduktion sowie menschlicher Hingabe, aufopferungsvoller Besessenheit und zielgerichteter Planung. Themen und Ereignisse, wie die seitenfüllenden Beschreibungen der Fahrt auf dem Orinoko oder die Zusammen-

---

[2]Kehlmann 2005, S. 7.

kunft mit dem US-Präsidenten Thomas Jefferson, übergehe ich oder behandle diese bewusst nur verkürzt zwecks Fokussierung auf das Titelthema der Hausarbeit.

Eine Kontaktaufnahme zum Rowohlt-Verlag erachtete ich als sinnvolle Bereicherung der Hausarbeit, um zusätzliche Informationen über Bildungsvorstellungen zu erhalten. Die gestellten Fragen per Email blieben aber unbeantwortet sowie die Hoffnung auf ein Diskussionstreffen des in Berlin wohnhaften Kehlmann. Alternativ vergnügte ich mich daraufhin mit der lehrreichen wie amüsanten Lektüre *Requiem für einen Hund* (2010), ein Gespräch von Redakteur Sebastian Kleinschmidt und Daniel Kehlmann über die „Komödie der Genialität" als Thema im Roman *Die Vermessung der Welt* oder den Zwang des Verfremdens klassischer Stücke im heutigen Theater.[3]

2. Die Faszination um die Person des Alexander von Humboldt

Als Namensgeber der Humboldt-Universität zu Berlin begleitet Alexander von Humboldt die Gedankenwelt vielerlei Menschen, seien es Studenten, Lehrende, Wissenschaftler oder abseits dessen schlichtweg historisch interessierter Leute. Die internationale Zeitschrift für Humboldt-Studien *HiN-Humboldt im Netz*[4], herausgegeben von der Universität Potsdam und der Berlin-Brandenburgischen Akademie der Wissenschaften, veröffentlicht seit dem Jahr 2000 aktuelle Forschung zum Thema Humboldt. Als Beitrag zur Wissenschaft und Forschung ist das Ziel aber zugleich die Artikel einer größeren Öffentlichkeit zugänglich zu machen, was vielzählige Abrufzahlen belegen.[5]

Fernab des wissenschaftlichen Publizierens ist Alexander von Humboldt zugleich Inspiration fiktiver Geschichten um seine Person. So geschehen in *Humboldts letzte Reise* (2015), eine aufwändig gestalte Grafiknovelle von Étienne Le Roux und Vincent Froissard auf über 150 Seiten. Ein gealterter Alexander von Humboldt, im Ruhestand, begibt sich auf eine allerletzte Expedition, um seinen verschollenen Freund und einstigen Begleiter Aimé Bonpland im tiefen Dschungel Amazoniens zu suchen.[6] Biographien über Humboldt erscheinen beständig wie zuletzt im Jahr 2009 von Reinhard Barth. Im Stil eines Erzählromans legt er den Lesern die Person Humboldt und deren Lebensstationen mit viel unterstützendem Bildmaterial nahe.[7]

---

[3]Vgl. Kleinschmidt/Kehlmann 2008, S. 60.
[4]HiN Zeitschrift für Humboldt-Studien: http://www.hin-online.de/index.php/hin [14.09.2016]
[5]Konzept HiN: http://www.hin-online.de/index.php/hin/about [14.09.2016]
[6]Vgl. Froissard & Le Roux 2015.
[7]Vgl. Barth 2009.

Die größte Aufmerksamkeit mit einer weltweiten Auflage von beinahe 6 Millionen erlangte Daniel Kehlmann mit seinem Roman *Die Vermessung der Welt*. Dem Leser wird das Leben zweier Genies der Wissenschaft und ihrer Denkprinzipien gezeigt, die auf unterschiedlichen Wegen Bildung erlangen. Eine Konfrontation mit einer Vielfalt an Themen wie das Altern, Vergänglichkeit und Tod zeigen die Tiefe der Substanz abseits wissenschaftlicher Fragen.[8] Die Heiterkeit mit der Kehlmann Fragen zu diesen ernsten Themen beantwortet, ist die wohl beachtenswerteste Leistung. „Schreiben gelingt besser am Meer, alles gelingt besser am Meer"[9], so Kehlmanns Worte zur Entstehung des Romans, den er bei offenem Fenster mit Blick auf das weite, silbrig blau glänzende Meer geschrieben hat.

3. Kehlmanns Humboldt: Eine Figur im scheinbar historischen Roman

> Es ist nicht die Aufgabe des Dichters, das was wirklich geschehen ist, zu erzählen, sondern das, was hätte geschehen können, das heisst, was nach Wahrscheinlichkeit oder Notwendigkeit möglich ist.10
>
> (Aristoteles, 335 v. Chr.)

Der historische Roman als Hybride einer pluralen und differenzierten Poetik widmet sich spezifischen problematischen Kontexten.[11] Ausgehend von diesen Ansichten Alfred Döblins ist jeder Roman historisch, da er diesen als „Korrektiv der Geschichtsschreibung"[12] wertet. Die Literatur dokumentiert späteren Generationen frühere Bewegungs- und Denkmuster. Der Autor hat die Möglichkeit des Aufzeigens gesellschaftlicher Zustände. „Das Romanschreiben erscheine ihm als Königsweg, um das Flüchtigste der Gegenwart für die Zukunft festzuhalten"[13], schlussfolgert Humboldt.

Kehlmann selbst bezeichnet *Die Vermessung der Welt* als „Gegenwartsroman, der in der Vergangenheit spielt".[14] Die Personen um Gauß und Humboldt mit ihren geschichtlichen Daten geben dem Roman lediglich einen vorgegebenen Rhythmus, die es Kehlmann erlauben mit Fakten und Fiktion zu spielen. Seine Rolle als Autor ver-

---

[8]Vgl. Spitzley 2011, S. 1.
[9]Gasser 2010, S. 84.
[10]Aristoteles 1982, S. 29.
[11]Vgl. Geppert 2009, S. 9.
[12]Kohpeiß 1993, S. 38.
[13]Kehlmann 2005, S. 27.
[14]Nickel 2008, S. 26.

steht Kehlmann und spielt mit diesem Wissen: „Erfundenes verwirre die Menschen, Stilisierung verfälsche die Welt [...] Romane, die sich in Lügenmärchen verlören, weil der Verfasser seine Flausen an die Namen geschichtlicher Personen binde.", kritisiert die Romanfigur Humboldt im Gespräch mit Gauß. Die Komposition aus Behauptungen und historischer Detailverliebtheit erzeugt eine neue Realität, die der Leser annehmen kann, wenn es gefällt.

4. Spannungsverhältnis in Kindstagen: Ein Bruderpaar im Konflikt

Als jüngerer Bruder von Wilhelm erlebt Kehlmanns Alexander von Humboldt in früher Kindheit die Pflichten des Lernens, die seine alleinerziehende Mutter den Söhnen diktiert.[15] Die von niederem Adel stammende Familie besitzt alle Möglichkeiten des Bildungszugangs und genießt exklusive Freundschaften zu den Größen der Wissenschaften, aus der Literatur Johann Wolfgangng Goethe, der zugleich als Bildungsratgeber der Mutter agiert und die Lehrwege vorzugeben scheint: Wilhelm begegnet Sprachen und Literatur, Alexander widmet sich den Naturwissenschaften. Allerdings geschieht das nicht beiderseits an Schreibtischen. Alexander zieht es als Kind bereits in die Natur, um in erstellten Systemen Käfer zu ordnen oder gar einen Blitzableiter zu bauen. Die ersten Taten seines autodidaktischen Verhaltens lassen das spätere Bildungsmodell erahnen. Zu dieser Zeit bereits kündigt er seinem Bruder die Reise zum Orinoko, viertgrößter Fluß der Welt, strömend durch Venezuela und Kolumbien, an. Wilhelm hingegen belächelt ihn, fühlt sich geistig überlegen. Die Noten des jüngeren Bruders lassen zu wünschen übrig. „Mit ihnen beiden stehe und falle ein großer Versuch. Keiner von ihnen habe das Recht, sich gehenzulassen"[16], bekräftigt Wilhelm sein Missfallen gegenüber seinem Bruder, kurz bevor dieser der Aufforderung nachkommt, auf das zugefrorene Eis eines Teichs zu laufen. Die mehrfachen Tötungsversuche Wilhelms an seinen Bruder geschehen sowohl aus Neid, als auch um den Ehrgeiz Alexanders zu wecken, was gelingt. Dem nahenden Tod entrungen, widmet Kehlmanns Humboldt fortan mehr Konzentration dem Lernen „als müsse er einen Feind besiegen".[17] Der von Wilhelm zur Sprache gebrachte Versuch von Erziehung und Bildung droht nicht länger zu scheitern. An die selbe Universität geleitet, trennen sich die Wege allerdings. Der ältere Bruder begibt sich nach Göttingen und ergreift das soziale Leben. Hingegen darf Alexander von Humboldt die Botanik studieren,

---

[15]Vgl. Kehlmann 2005, S. 19.
[16]Ebd., S. 24.
[17]Kehlmann 2005, S. 25.

vielmehr „das Leben erforschen […] mit der es den Globus umspanne".[18]

5. Der gebildete Mensch: Der Weg zur Selbstständigkeit

Mein Bildungsweg wurde vorübergehend durch meine Schulzeit unterbrochen.[19]

(Bernard Shaw)

Der Bildungsbegriff unterliegt gegenwärtig einer Vieldeutigkeit. Definiert als „unausschöpfbar wie das Leben selbst", als „Welt- und Selbsterkenntnis", als „personalisiertes Wissen" oder als „erworbenes Wissen und geistige Formung".[20] Die Bedeutungsvielfalt des Begriffs kann als Chance angesehen werden, diesen nicht eindeutig inhaltlich festzulegen. Eine Bezeichnung ist aber trotz allem unumgänglich. Der erstmals in der griechischen Antike verwendete Wertebegriff „Paideia" ist vorausgehend dem Wort „Bildung" wie es am Ausgang des 18. Jahrhunderts Einzug hält. Das Ziel der „Paideia" ist die Hinwendung des Menschen zum Denken des Maßgeblichen sowie das Ausbilden der Tugenden.[21] Das Bild eines aufgeklärten, in wissenschaftlichen Kategorien denkenden Menschen entsteht in der Epoche der Aufklärung (1730-1800). Ein Mensch, der sich mit der natürlichen und sozialen Welt auseinandersetzt, bestimmt durch geistigen Aufstieg, zugleich sich und die Welt zum Besseren verändert.[22] Vormals als größtes Ziel der Bildung galt es, ein Abbild Gottes zu schaffen, hingegen die Aufklärung ein gesellschaftliches Miteinander vorsieht. Im Mittelpunkt steht der Mensch als geistiges Wesen, als Individuum eines selbstbestimmten Lebens, dieses solange Wissen mehrt bis es abgeschlossen ist. Die nachgehende Epoche der Romantik (1790-1835) betrachtet hingegen den Wissenserwerb respektive die Wissenschaft als nie endenden Lebensprozess. Das Formen und Erziehen der Bürger als tüchtige Menschen kann nur bedingt geleistet werden, da Bildungsziele nicht durch den Einzelnen festgelegt sind. Heutige Grundschulen wie Gymnasien versuchen die Schüler auf eine zukünftige Welt vorzubereiten, dabei kann es vorteilhaft sein sich auf das jetzige Leben einzulassen. Zumal sich die Frage stellt, wie eine spätere Welt

---

[18]Ebd., S. 26.
[19]Taube/Woznicki 2011, S. 24.
[20]Vgl. Lederer 2015, S. 12.
[21]Vgl. Ebd., S. 117.
[22]Vgl. Hansmann 2014, S. 9.

aussehen wird oder kann.[23] Robert Spaemann, deutscher Philosoph, porträtiert einen gebildeten Menschen als weltoffene, in andere Individuen hineindenkende Person.[24] Ein Mensch mit hohem Selbstwertgefühl das er nicht aus dem Vergleich mit anderen bezieht. Er spricht eine differenzierte, persönliche Sprache und kann es sich leisten, einfache Sachverhalte einfach auszudrücken. Er beherrscht eine Wissenschaftssprache ohne sich von ihr beherrschen zu lassen. Nicht zuletzt ist er in hohem Maß genussfähig.

Ob das Wissen in Bildungseinrichtungen oder in Selbstdisziplin erworben wird, geht daraus nicht hervor. Unumgänglich bleibt aber das Bewegen in einer Gesellschaft, wenn gar kultivierten Umwelt.

Was verstand der realhistorische Wilhelm von Humboldt (1767-1835) unter einem gebildeten Menschen? Ausgehend von der Niederlage Preußens gegen Napoleon im Jahr 1806 entstanden die preußischen Bildungsreformen. Eine dringende Notwendigkeit aufgrund deutlicher Überlegenheit Frankreichs. In der Folge dessen gab es gravierende Änderungen in der Staatsführung, der Verwaltung, dem Agrarwesen, den Städten; die Bauernbefreiung setzte ein und nicht zuletzt eine Bildungsreform, konzipiert von Wilhem von Humboldt. Damit die neue Gesellschaft ihren Beitrag zur Nation leisten kann, müsse sie gebildet sein.[25] Fortan wurde das Schulsystem dem Staat übertragen. Die Einführung der allgemeinen Schulpflicht, Gliederung des Schulwesens in Volksschule, Gymnasium und Universität mit einheitlichen Lehrplänen und Überwachung des Prüfungswesens folgten. Das dreiteilige Bildungssystem wirkte dem Bevorzugen von Herkunft und Stand von Schülern entgegen und bewirkte Chancengleichheit. Das Prunkstück der Bildungsreformen war die Gründung der „Alma Mater" im Zentrum der Hauptstadt durch Wilhelm von Humboldt, der späteren Humboldt-Universität zu Berlin, die 1810 den Lehrbetrieb aufnahm. Eine Gründung angesichts einer tiefen Krise. Wilhelm von Humboldt, 1809 von Stein zum Direktor der Sektion für Kultus und Unterricht im preußischen Ministerium des Inneren ernannt, gab der Universität die Freiheit von Lehre und Forschung.

Wilhelm von Humboldt definiert Bildung als „die Anregung aller Kräfte des Menschen, damit diese sich über die Aneignung der Welt entfalten und zu einer sich

---

[23]Vgl. Hentig 2004, S. 16.
[24]Vgl. Spaemann 1994/1995, S. 34-37.
[25]Vgl. Schweim 1966, S. 37.

selbst bestimmenden Individualität und Persönlichkeit führen."[26] Die Bildung eines ganzen Menschen erfordert die Entwicklung des Charakters, des Verstandes und des Gemüts. Das heißt, der einzelne Mensch gestaltet Bildung in einem subjektiven Prozess mit der Verknüpfung an die Welt. Sein Bildungsideal erlaubt das Auseinandersetzen mit Ideen zur Anwendung in der Wirklichkeit anstelle eines Abfragens zeitbegrenzter Wissenskomposte. Keinesfalls darf der Mensch politischen, wirtschaftlichen oder religiösen Zwecken untergeordnet werden. Einzig in Freiheit kann der Mensch seine Möglichkeiten der Bildung entfalten und zum Fortschreiten der Menschheit beitragen. Nach dem Bildungsprozess und dem realisierten Zustand der Persönlichkeitsbildung, folgt erst die Ausbildung zu einer spezifischen Berufstätigkeit.[27]

Die Frage bleibt nach welchen Maßstäben der Prozess des Bildens als abgeschlossen gilt. Das Leben eines Menschen betrachtet als fortlaufender Bildungsweg würde eine lebenslage Überprüfung der Wissensbestände zur Folge haben. Doch kann Bildung gemessen werden? Der Mensch stuft sich nach einem abgeschlossenem Bildungsprozess, sei es das Studium an einer Universität, selbst als gebildet ein. Seine Umwelt vollzieht es gleichermaßen und gibt ihm den Rang eines gebildeten Menschen. Die entscheidende Frage ist, ob dieser erworbene Rang im Laufe des Lebens verloren werden kann, entweder durch eigene Ansprüche oder der Umwelt zu urteilen. Da Bildung ein ständiger Dialog mit der Umwelt einbezieht, scheint der Bildungsweg eines Menschen lebenslang anzudauern. Die Reputation erfolgt nur durch neu hervorgebrachtes Wissen. Das Ausbrechen aus dem Lernprozess führt zu einer Isolation des Menschen. Eine Vermutung, die nicht für jede Person zutreffend ist, setzt es doch das Aufhalten eines Menschen in der immer gleichen Umwelt voraus.

Auf das heutige Studieren bezogen, ist das Humboldtsche Bildungsideal mit seinen Zielen stets aktuell. Abseits des Abarbeitens von Modulen und Klausuren gilt es den Freiraum selbst verantwortend zu gestalten zur Bildung geistiger Selbstständigkeit, unabhängig des Alters eines Studenten. Festzuhalten bleiben die Grundbedürfnisse eines Menschen: Das Streben nach Anerkennung und die Wertschätzung erbrachter Erfolge.[28] Ein kommunikatives Verhalten, unabhängig eines Studiums, führt zwangsläufig zu Wissen und Bildung. Die Aktivität des Menschen ist der Ausgangspunkt, realisiert durch Reisen oder der Austausch mit der Umwelt im lokalen Aktionsradius.

---

[26]Lederer 2015, S. 31.
[27]Vgl. Krautz 2007, S. 21.
[28]Vgl. Maslow 1954, S. 388.

6. Wissenschaftsgenerationen: Bildungswege innerhalb einer Generation

Eine herausragende Leistung Kehlmanns ist das Aufzeigen von Bildungsmodellen dreier Forscher, die ihre Wissenschaften nachhaltig geprägt haben. Die preußischen Brüder Wilhelm und Alexander sowie die Romanfigur des Carl Friedrich Gauß begehen und erleben unterschiedliche Bildungsprozesse und -erlebnisse innerhalb einer Generation.

Kehlmanns Carl Friedrich Gauß wächst in ärmlichen Verhältnissen als einziges Kind einer Arbeiterfamilie in Braunschweig auf. Dem Vater emotional gänzlich abgeneigt, genießt er die innige Beziehung zu seiner Mutter, Hausfrau und Analphabetin, zeitlebens.[29] Das Lesen erfährt Gauß an nur einem Nachmittag im Selbstversuch. Die Geniekonzeption des Achtjährigen zeigt sich sobald in der Volksschule an der Tafel bei Lehrer Büttner. Das Aufstellen logischer Formeln offenbart seine einzigartige Veranlagung zum abstrakten Denken. Das Studieren der Arithmetik bewältigt Gauß zum Erstaunen seines Lehrers an einem Tag. Einem unterfordernden Gymnasiumbesuch folgt ein Stipendium des Herzogs von Braunschweig und das Studium in Göttingen. Als Kontrastfigur zu Alexander von Humboldt, der glaubt die ganze Welt vermessen zu können, besinnt sich Gauß einer melancholerischen Weltanschauung, da „die Welt sich so enttäuschend ausnahm, sobald man erkannte, wie dünn ihr Gewebe war, wie grob gestrickt die Illusion, wie laienhaft vernäht ihre Rückseite".[30] Gauß kritisiert bestehende wissenschaftliche Theorien und denkt alles neu. Ein Geniestreich kognitiver Ökonomie und zugleich ein Wissensvorsprung. Gauß betont gegenüber Humboldt, dass „die Welt zwar vermessbar, deswegen aber nicht vollends begreifbar sein muss".[31] Weltabgewandt verbringt Gauß sein Forscherleben in sozialer Inkompetenz fristend in Deutschland. Die Hochbegabung des Theoretikers hat Einsamkeit zur Folge, da ihm die Menschen in seiner Umwelt zu langsam denken. Der Beweis der Konstruierbarkeit eines regelmäßigen Siebzehnecks und das Lehrbuch der Zahlentheorie, *Disquisitiones Arithmeticae*, zählen zu den beeindruckensten Errungenschaften der Wissenschaft. Ein Ausdruck dessen, wie Gauß die Welt als „Naturgenie" weitreichend verändert.[32] Als analytischer Wissenschaftler erlangt er seine Erkenntnisse durch abstraktes Problemlösen. Er gilt als Begründer der modernen Wis-

---

[29]Vgl. Kehlmann 2005, S. 54.
[30]Ebd., S. 59.
[31]Wittstock in Nickel 2008, S. 116.
[32]Vgl. Fröschle in Nickel 2008, S.188-189.

senschaft, ist er doch der Ansicht, Forschung basiert auf Theorie anstatt praktischer Erfahrungen. Zudem verlagert er sein wissenschaftliches Schaffen von der Mathematik hin zur Astronomie, um finanziell durch den Staat abgesichert zu sein. Ein Sternenentdecker sei ein gemachter Mann.[33] Deshalb gilt er als einer der ersten modernen Wissenschaftler, da er Unterstützung erhält und im Interesse der Auftraggeber forscht.

Kehlmanns Wilhelm von Humboldt, der im Roman nur als der ältere Bruder bezeichnet wird, erlangt im Kindesalter frühzeitig Ruhm für seine Sprachgewandtheit. „Die Begeisterung für ihn schien sich kaum in Worte fassen zu lassen, redete er wie ein Dichter, schrieb altkluge Briefe an die berühmtesten Männer des Landes und beherrschte im Jugendalter bereits sieben Sprachen".[34] Nach einem gemeinsamen Kurzaufenthalt mit seinem jüngeren Bruder an der Universität in Frankfurt an der Oder wechselt er an die Universität Göttingen. Das soziale Leben übermannt ihn, als „er dort seine ersten Freunde fand, zum erstenmal Alkohol trank und eine Frau berührte, schrieb der Jüngere seine erste wissenschaftliche Arbeit".[35] Dieser kommt der Einladung zur Hochzeit Wilhelms aufgrund von Arbeiten an der Bergbauakademie nicht nach. Wilhelm genießt gesellschaftliche Anerkennung, sucht den Kontakt und Dialog mit Goethe und Schiller. Im Sinne der Wissenschaft ist er nicht bereit körperliche Schmerzen zu ertragen wie es sein Bruder erachtet. Er bekräftigt im Briefwechsel, dass man „moralische Verpflichtungen auch dem eigenen Körper gegenüber habe, der doch kein Ding unter Dingen sei".[36] Die Beziehung zu seiner Mutter ist nicht von tiefer Liebe geprägt, lässt er sich doch ein letztes Zusammensein am Sterbebett „wegen dringender Geschäfte"[37] entschuldigen. Kehlmann charakterisiert die Figur des Wilhelm im fortwährenden Briefverkehr. So ist von der Erziehung seiner „verwirrend klugen" Kinder nach einem „strengen, selbstentwickelten System"[38] in Paris zu erfahren. Als späteres Vorbild der preußischen Bildungsreformen dient es als Versuch.[39] Im Kapitel „Die Sterne" ebnet Kehlmann schließlich das Aufeinanderstoßen von Gauß und Wilhelm bei einem Theaterbesuch in Weimar. Wilhelm stellt sich Gauß als den angehenden Direktor der Unterrichtssektion im Innenministerium vor,

---

[33]Kehlmann 2005, S. 143.
[34]Vgl. Ebd., S. 20-21.
[35]Ebd., S. 27.
[36]Kehlmann 2005, S. 33.
[37]Ebd., S. 35.
[38]Ebd., S. 38.
[39]Vgl. Spitzley 2011, S. 43.

der das deutsche Schulwesen von Grund auf reformieren müsse.[40] Dieser gibt sich wenig beeindruckt von seinen Tätigkeiten als Sprachwissenschaftler und verwechselt Wilhelm sogar mit seinem jüngeren Bruder, da er den Namen Humboldt nur mit Berichten aus Zeitungen verbindet. Wilhelm, der sein Wissen als Sprachforscher aus der Tradition erfahren hat, wird mangelnde Intelligenz unterstellt. Der Bildungsweg und die Erkenntnisse des Sprachwissenschaftlers beruhen auf Wissensbestände aus der Antike, das Herstellen von Bezügen älterer Texte, der Intertextualität. Wilhelms Bewunderung für die Antike gleicht Alexanders Enthusiasmus für die Neue Welt. Wilhelm hat das Menschenverständnis, sein jüngerer Bruder das Naturverständnis. Jahre später begegnen sich Wilhelm und Gauß auf dem Naturforscherkongreß im Jahr 1928 in Berlin im Beisein von Alexander. Dieser ihn als seinen geliebten Bruder und den Erzieher Preußens, welcher Deutschland seine Universität und der Welt die gültige Theorie der Sprache geschenkt habe, etikettiert.[41] Im Gegensatz zu Gauß verbleibt Wilhelm nicht ausschließlich in Deutschland, sondern verweilt in Europa. Den Kontinent verlässt er jedoch nie.

Der Bildungsweg des jüngeren Bruders, Alexander von Humboldt, ist seit Kindesalter geprägt von seiner, ihm emotional fremden, Mutter. Sie beauftragt den Haushofmeister Kunth sich um die Betreuung der Ausbildung ihrer Sprösslinge, Wilhem und Alexander, erfolgsorientiert zu kümmern. Die Privatlehrer lassen ihm eine mathematisch-naturwissenschaftliche Ausbildung zukommen. Den anfänglichen Lernschwierigkeiten folgen Ehrgeiz und Zielstrebigkeit, nicht zuletzt eingeleitet durch wiederkehrende Lebensproben des älteren Bruders. Der Antrieb selbst Erfahrungen und Entdeckungen zu machen und diese in genaueste Vermessungen festzuhalten, bildet sich bereits im Jugendalter heraus und manifestieren sich zunehmend. „Aber wie könne man leben […] wenn einem Genauigkeit nichts bedeute?"[42], unterbreitet Humboldt dem Schiffskapitän bei der Überfahrt nach Amerika. Humboldt erkennt die Notwendigkeit des Reisens, um Wissenschaft auf seine Art praktizieren zu können, der empirischen Beobachtungen. Er ist experimenteller Wissenschaftler und kann bezeichnet werden als letzter Universalgelehrter, der seine Erkenntnisse durch Erfahrungen erlangt. Die Reisewut, andauernde Rastlosigkeit und Nervosität zeichnen den Bildungsweg. Sein Kindheitstraum ist es den Orinoko zu befahren. Der Tod

---

[40]Kehlmann 2005, S. 158.
[41]Ebd., S. 242.
[42]Kehlmann 2005, S. 45.

seiner Mutter entledigt ihn aller Verpflichtungen und wirkt befreiend auf Humboldt, der im Augenblick ihres Sterbens „noch nie so glücklich gewesen"[43] ist. Das vererbte Vermögen erlaubt den Kauf aller benötigten Messinstrumente für die Reise nach Südamerika.

7. Neptunismus versus Plutonismus: Die Motivation der Forschungsreise

> Der geognostische Streit der Volkanisten [sic!] und Neptunisten ist eigentlich der Streit: Ob die Erde sthenisch oder asthenisch debütiert habe.[44]

(Novalis)

Das geologische Denken und Forschen im ausgehenden 18. Jahrhundert war geprägt von Fragen über die Entstehung und Entwicklung der Erde.[45] Eine zentrale Debatte war die Neptunismus-Vulkanismus-Kontroverse. Die Lehre der Vulkanisten von der eruptiven Entstehung der Gebirge und der Ansicht Basalte entstünden durch erkaltete Lava standen den Behauptuungen der Neptunisten gegenüber, die den Ursprung der Gesteine als Ablagerungen aus dem Urmeer einordneten. Angeführt vom Geologen James Hutton, der die Hitze im Erdinnern als zentrale Kraft bei der Gestaltung der Erdoberfläche beschrieb, stand dagegen Abraham Gottlob Werner, der die Rolle des Wassers betonte und bis auf wenige Ausnahmen alle Gesteine als Kristallisationen aus einem Urozean erklärte. Beide gelten als Begründer der Geologie. In Deutschland gipfelte der Streit im Jahr 1789, als im *Bergmännischen Journal* der Disput zwischen Werner und seinem Schüler Johann Carl Wilhelm Voigt über die Entstehung des Basalts ausgetragen wurde.[46] Das Ausmaß des Konflikts betraf auch unterschiedliche Vorstellungen der zeitlichen Weltanschauung. Die Geologie versuchte eine Chronologie der Urzeit zu entwerfen, was konträr verlief mit der biblischen Zeitrechnung. Die Paläontologie widerum zeigten Hinweise auf einen Zusammenhang der Entwicklung der Erdkruste mit der Entwicklung von Lebensformen auf der Erde. Zunehmend bildete sich eine Diskrepanz von wissenschaftlichen und geistlichen Weltbildern. Der Mensch löste sich aus einem religiösen Kontext heraus und glieder-

---

[43]Ebd., S. 36.
[44]Novalis setzt diese Anschauungen in Analogie zu Begriffen aus der Reizlehre John Browns: Asthenie ist der Zustand zu geringer, Sthenie der Zustand zu starker Erregung; Novalis 1976, S. 78
[45]Vgl. Haberkorn 2004, S. 66f.
[46]Vgl. Wagenbreth 1999, S. 36-39.

te sich in den Kontext der Naturgeschichte ein.

Abraham Gottlob Werner, Inspektor und Lehrer der Mineralogie an der Bergakademie im sächsischen Freiberg, legte den Grundstein für die junge Naturwissenschaft der Geologie. Seine Forschungen zur Oryktognosie, der Lehre von Mineralien, und zur Geognosie, der Lehre von Gesteinsformationen, löste die Geologie von den bisherigen Theorien zur Entstehung der Erde und es entwickelte sich eine eigene Methodik und Terminologie.[47] Bereits zu Lebzeiten wurden seine Betrachtungen allerdings kritisch beurteilt, insbesondere die neptunistische Haltung.

Das literarische Interesse am Konflikt der Neptunisten und Plutonisten wurde vielermals aufgegriffen, so geschehen bei Johann Wolfgang Goethe in *Wilhelm Meisters Wanderjahre,* geschrieben in den Jahren 1807 bis 1810. In einem Kapitel ist die Hauptfigur Wilhelm zum Bergfest eingeladen, wo angeregt über die Erdentstehungstheorien diskutiert wird.[48] Eigens ausgebildet zum Naturforscher und selbst ein Beispiel autodidaktischer Leistungen, beteiligte sich Goethe an naturwissenschaftlichen Diskussionen zu dieser Zeit. Goethe bekannte sich zu Werners neptunistischen Ideen und eine Freundschaft von gegenseitiger Wertschätzung und regem Gedankenaustausch verband sie zeitlebens, diese Thomas Mann im Roman *Lotte in Weimar* verarbeitete. Zeitgleich verfolgte Goethe eigenständige Konzepte, wie die Theorie der Gesteinsbildung durch simultane chemische Prozesse. Die Entstehung des Kammerbergs führte Goethe 1808 auf vulkanische Ursachen zurück, erstes Hinterfragen seiner bisherigen Vorstellungen der Erdkräfte. Über die Jahre tätigte er widersprüchliche Formulierungen über die Erdentstehung und legte sich nicht mehr vollends fest auf eine Anhängerschaft.

Alexander von Humboldt, anfangs neptunistisch eingestellt in seinen Zusammenfassungen *Mineralogische Beobachtungen über einige Basalte am Rhein* (1789), trat das Bergbaustudium an Werners Akademie 1791 an. Nach zweijährigem Studium und Stationen als Oberbergmeister in Franken, wurde er 1795 zum Oberbergrat ernannt. Die rasante Karriere als Bergbeamter wurde vom unermüdlich zielstrebigen Plan zu einer großen Forschungsreise begleitet. Das spanische Herrscherhaus bewilligte 1799

---

[47]Vgl. Haberkorn,2004, S. 78.
[48]Vgl. Goethe 1982, S. 360.

schließlich Humboldts Reise in die spanischen Kolonien Südamerikas.[49]

Wie ist der Neptunismus-Vulkanismus-Konflikt im Roman *Die Vermessung der Welt* aufgebaut? Kehlmanns Humboldt lernt den Naturforscher und Reiseschriftsteller Georg Forster kennen, welcher bereits James Cook bei seiner zweiten Weltumsegelung begleitet hat. Forster gibt Humboldt die Empfehlung an der Bergbauakademie in Freiburg die Lehren Abraham Werners zu studieren. Die Besessenheit Werners als Verfechter des Neptunismus äußert sich im Veranstalten von Seelenmessen, um den leugnenden Gegnern und zweifelnden Studenten im schlimmsten Fall die Nase zu brechen oder gar ein Ohr abzubeißen.[50] Auf die Frage Werners, ob Humboldt ein Neptunist sei und an das kalte Erdinnere glaube, versichert dieser es ihm zustimmend.

Auf Bitten Wilhems reist Humboldt nach Weimar zu einer Zusammenkunft mit Wieland, Herder und Goethe, dieser ihn sogleich als Bundesgenossen begrüßt: „Jeder Schüler des großen Werner finde in ihm einen Freund."[51], verlautet Kehlmanns Goethe. Humboldt verkündet sein Vorhaben in die Neue Welt zu reisen, worauf Goethe ihn auf die Bedeutung der Vulkanerforschung dringlichst hinweist, um die neptunistische Theorie zu stützen: „Unter der Erde brenne kein Feuer. Das Innerste der Natur sei nicht kochende Lava. Nur verdorbene Geister können auf solch abstoßende Gedanken verfallen."[52], bekräftigt Goethe vehement. Humboldt verspricht sich den Vulkanen zu widmen und auf Goethes Bitte nie zu vergessen, von wem er komme. Der Vulkanismus-Konflikt entfaltet sich.

Nach Aufenthalten in Salzburg und Paris erreicht Humboldt Spanien, gemeinsam mit dem Arzt und Botaniker Aimé Bonpland, seinen neuen Weggefährten für die anstehende Reise. Der Weg nach Madrid erweist sich als Geduldsprobe für Bonpland, erfordern die Messungen von Hügeln, Erkundungen der Höhlen und das Erklimmen von Bergen viel Zeit und Aufmerksamkeit. „Ohne stetig die eigene Position zu bestimmen, könne ein Mensch sich nicht fortbewegen. Ein Rätsel, wie klein auch immer, lasse man nicht am Wegesrand."[53], begründet Humboldt seinen Vermessungswahn. Die letzte Hürde auf dem Weg nach Südamerika erscheint zunächst als unüberwindbar, schließlich sind die spanischen Kolonien ausnahmslos gesperrt für Aus-

---

[49]Vgl. Drouin 1994, S. 569f.
[50]Vgl. Kehlmann 2005, S. 29.
[51]Ebd., S. 36.
[52]Kehlmann 2005, S. 39-37.
[53]Ebd., S. 42.

länder. In der Annahme, Humboldt sei Arzt, beruft der regierende Minister Manuel de Urquijo zu einer Audienz. Das Fundament seiner Macht beruht auf Standfestigkeit, diese die Königin außerordentlich gern in Empfang nimmt. Besorgt seines betagten Alters und der schwindenden Manneskraft konsultiert er Humboldt. Dieser schreibt energisch sogleich ein Rezept für ein Potenzmittel bestehend aus den Kräutern und Moosen dieser Welt. Allerdings würde es Jahre dauern, alle Zutaten zu sammeln, versichert Humboldt. Urquijo willigt ein und der Fahrt steht nichts mehr im Weg.

Hinsichtlich der Motivation der Forschungsreise nach Südamerika gehen Humboldts Gedanken in die Kindheit zurück. Er gelangt zu der Erkenntnis, dass sich die Welt nur ergründen lässt auf der Basis genauester Vermessungen und des Ordnens von Wissen. Als Kind lesen Wilhelm und Alexander eine Geschichte über den Abenteurer Lope de Aguirre, der mit seinen Männern den Orinoko entlangfährt in der Hoffnung im Goldland Eldorado zu Reichtum zu gelangen. „Noch immer waren kaum Forscher in diese Gegend vorgedrungen, und eine verläßliche Karte gab es nicht."[54], resümiert Kehlmanns Humboldt. Die Herausforderung und der Forschergeist wecken sein Interesse. Vielmehr aber noch ist es die Unruhe, die Gegenden in Südamerika unvermessen zu belassen. Die Genauigkeit ist geradezu eine Existenzfrage für ihn.[55] Diese kann in Zahlen festgehalten werden, die Unordnung zu bannen vermögen.[56] Auf den Spuren Aguirres und als deren Erbe ansehend, reizt Humboldt das Erforschen von Gebieten mit noch ungelösten Fragen.[57]

In der Zeit um 1800 erfolgte die Abkehr von religiösen Erklärungsmustern in naturwissenschaftlichen Fragen. Die Aufklärung zweifelte an den biblischen Deutungen und vertrat den Ansatz, neues Wissen nicht von Spekulationen, sondern von Erfahrungen zu begründen. Humboldt, dieser Epoche zugehörig, handelte aus Forscherdrang heraus mit dem Ziel Wissen zu produzieren.

---

[54]Kehlmann 2005, S. 22.
[55]Vgl. Spitzley 2011, S. 34.
[56]Vgl. Kehlmann 2005, S. 50.
[57]Vgl. Häcker 21.06.2010.

8. Beobachtungen in Südamerika: Produktion und Klassifizierung von Wissen

Alexander von Humboldt war in ganz Europa berühmt wegen einer Expedition in die Tropen, die er fünfundzwanzig Jahre zuvor unternommen hatte. Er war in Neuspanien, Neugranada, Neubarcelona, Neuandalusien und den Vereinigten Staaten gewesen, hatte den natürlichen Kanal zwischen Orinoko und Amazonas entdeckt, den höchsten Berg der bekannten Welt bestiegen, Tausende Pflanzen und Hunderte Tiere, manche lebend, die meisten tot, gesammelt, hatte mit Papageien gesprochen, Leichen ausgegraben, jeden Fluß, Berg und See auf seinem Weg vermessen, war in jedes Erdloch gekrochen und hatte mehr Beeren gekostet und Bäume erklettert, als sich irgend jemand vorstellen konnte.[58]

Eine dichte Fülle von Ereignissen in einer kompakten Zusammenfassung, die Kehlmann im zweiten Kapitel seines Romans dem Leser eröffnet. Stellt es die Fähigkeiten des Empirikers Humboldt als stets rastlosen, unermüdlichen, aktiven Menschen heraus. Die Südamerikareise (1799-1804), der Höhepunkt seines Forscherlebens, gilt als der Beweis für die Produktion von Wissen aufgrund empirischer Beobachtungen. Kehlmanns Humboldt braucht die Welt, um sein Genie herauszustellen. Nicht zuletzt aber braucht er die Öffentlichkeit, um ein tieferes Verständnis für die Natur bei den Menschen auszulösen. Nach der erschwerenden Meeresüberfahrt über den Atlantischen Ozean und der Ankunft in Cumana (Venezuela), bittet Humboldt seinen Bruder Schriftstücke in der Zeitung zu veröffentlichen. „Die Welt soll von mir erfahren. Ich müßte mich sehr irren, wenn ich ihr gleichgültig bin."[59], so die Überzeugung von Humboldt. Er geht den Schritt in die Kommunikation und somit in einen Publikationskreislauf. Bei ihrem einjährigen Aufenthalt in Neuandalusien erfährt Humboldt die ersten Wissenserkenntnisse zur Widerlegung des Neptunismus. Allen todbringenden Aberglauben der einheimischen Stammesbevölkerung zum Trotz, begeht er mit Bonpland die „Höhle der Nachtvögel". Tief hinab gestiegen in dunkle Gänge misst Humboldt die Temperatur. „Es werde immer wärmer, er bezweifle, daß Professor Werner daran Freude hätte!"[60], betont der preußische Baron.

Bereits einen Tag später brechen sie auf, das Rätsel um den Kanal zwischen den Strömen Orinoko und Amazonas zu lösen. Seine Existenz halten viele Geographen nur für eine Legende. Abermals berichtet er Wilhelm über bisherige Entdeckungen und fordert das Bekanntmachen der Erkenntnisse in der Zeitung. Kant, deutscher Philosoph, unterrichtet er im Brief von Klimazonen, die sich nicht nur in die Breite,

---

[58]Kehlmann 2005, S. 19.
[59]Kehlmann 2005, S. 51.
[60]Ebd., S. 73-74.

sondern auch in die Höhe erstreckten.[61] Humboldt beschränkt sich nicht auf eine wissenschaftliche Disziplin, sondern hat den Drang alles zu ergründen.

Humboldts akkumulative Studie der Einzelerscheinungen zu einer Gesamtweltanschau sind einzigartig. Neptunistische Fragen sind nicht die alleinigen Beweggründe der systematischen Vorgehensweise. Die planmäßige Sammlung einer Vielzahl an Daten, die Klassifizierung, und die empirische Ausrichtung seiner Naturforschung, erheben ihn als Begründer der allumfassenden Wissenschaft. Im Verlauf der Reise legt er den Fokus auf die Geognosie, Klimatologie, Hydrographie, Erdmagnetismus, Botanik und Zoologie. Humboldt erkennt den Zusammenhang von allem mit allem. Humboldt weist deshalb auf die Wechselbeziehungen von Mensch und Natur hin. Jede noch so kleine Probe gibt Aufschluss auf die Gesamtweltanschauung. Die Erfassung der Natur kann nach Ansicht Humboldts auf zwei Weisen geschehen. Sie kann auf naturwissenschaftlichem Weg vermessen, berechnet und klassifiziert werden. Sie zu erleben, kann aber gleichsetzend aus reinem Naturgenuss begründet sein. An der Welt erfreuen und das Naturgemälde in sich selbst entdecken. Humboldt erachtet beides als möglichen Zugang die Natur zu begreifen. Wissenproduktion und Genussbefriedigung können gleichermaßen existieren. Beides sind aktive Vorgänge, die einen Menschen kognitive Prozesse erleben lassen. Die Klassifizierung umfasst eine bewusst geplante Wissensordnung einer konkreten Betrachtung nach einheitlichen Kriterien.

Die großen Weltreisen der Neuzeit galten nicht ausschließlich der wissenschaftlichen Forschung, sondern waren bestimmt von politischen Interessen.[62] Das nationale Prestigedenken verbunden mit kolonialen Plänen zur Erschließung von neuen Handels- und Rohstoffvorkommen galt als Ziel der Reisen. Humboldts Reise durch Südamerika, privat finanziert, war die erste Forschungsreise mit ausnahmslos wissenschaftlichen Interessen ohne politischen Auftrag und ist zweifelsfrei als revolutionär zu bezeichnen. Das gemeinsame Durchführen und Erarbeiten der Ergebnisse mit seinem Begleiter Aimé Bonpland galt als eine der ersten Forschergemeinschaften in den Naturwissenschaften. Ihre Messungen haben die Entwicklung verschiedener wissenschaftlicher Disziplinen beeinflusst und vorangetrieben.

---

[61]Vgl. Ebd., S. 78.
[62]Vgl. Starbatty, 1990, S. 430f.

19

„Dieser traurige Mann habe gar nichts erforscht"[63], korrigiert Humboldt seinen Reisegefährten Bonpland, der Aguirre als ersten Forscher des Orinoko betitelt. Wenige Augenblicke später fahren sie unter Mückenschwärmen in den breiten Strom des Orinoko mit dem Ziel die Endpunkte des Kanals zu bestimmen. Nach erfolgreicher Vermessung und erbrachtem Beweis der Existenz der Flussverbindung, steht eine noch umfassendere Aufgabe auf dem Plan. „Er wolle die großen Vulkane sehen. Die Neptunismusfrage müsse ein für allemal geklärt werden. [...] Er habe ein Grollen gehört. Verschiebungen in der Erdkruste. Mit etwas Glück könne man auf einen Ausbruch hoffen."[64], verlautete Kehlmanns Humboldt energisch. „Sein ausnehmendes Interesse für Vulkane, mehr als für irgendetwas anderes, habe mit seinen Lehrern in Deutschland zu tun und mit einem Mann in Weimar, den er verehre wie Gott. Nun stehe die krönende Unternehmung, der Chimborazo, an."[65], erzählt Bonpland. Die letzte Herausforderung, die kein Europäer zuvor wagte, gilt es zu bestehen. Als Erste gelingt es Humboldt, im Berliner Gehrock gekleidet, und Bonpland eine nie zuvor erklommene Höhe zu bewältigen. Die eisige Kälte des Chimborazo, der tiefe Schnee und nicht zuletzt die Höhenkrankheit verhindern den Aufstieg der letzten 700 Meter bis zum Gipfel auf 6310 Meter, was vor den Journalisten allerdings verheimlicht wird und sie gelten als Weltrekordhalter. Die Gesteinsproben werden rasch gesammelt und es folgt ein langer Abstieg unter körperlichen Schwerstanstrengungen. Die Reise führt sie weiter nach Mittelamerika in die Ruinenstadt Teotihuacán, wo Humboldt die Anlage der Stadt als einen riesigen Kalender entziffern kann. Die letzte Station vor der Abfahrt nach Europa ist der Vulkan Jorullo. „Als er in der Ferne auftauchte, klatschte Humboldt vor Aufregung in die Hände. Dort hinauf müsse er noch, diktierte er den Journalisten, davon sei die endgültige Widerlegung der neptunistischen Thesen zu erwarten. Wenn er an den großen Abraham Werner denke [...] tue ihm das beinahe leid."[66], freut sich Humboldt in einem Schwall kindlicher Begeisterung. Während des Aufstiegs behorcht Humboldt den Felsboden mit dem Hörrohr, um Schallwellen genaustens zu vernehmen. Am Vulkankrater seilt er sich in das Innere ab. Als die Begleiter ihn wieder heraufziehen, ruft Humboldt lautstark aus: „Der Neptunismus [...] sei mit diesem Tag zu Grabe getragen!"[67] Der Vulkanismus-Konflikt ist gelöst. Die Erkenntnis der Neptunisten ist nicht nur widerlegt, vielmehr ist sie gestorben. Der beständige Wille Humboldts nicht zu ruhen, bevor alle bedeu-

---

[63]Kehlmann 2005, S. 111.
[64]Ebd., S. 141.
[65]Ebd., S. 167.
[66]Kehlmann 2005, S. 208.
[67]Ebd., S. 209.

tenden Fragen beantwortet sind, ist der Beweis für einen Bildungsweg selbstbestimmter Zeitaufteilung, sowohl bei der Produktion des Wissens, als auch bei der Veröffentlichung der Ergebnisse.

Geradezu romantisch das Bild einer längst vergangen Art der Wissenschaft im Vergleich zum heutigen Publikationsdruck eines Wissenschaftlers. Angesichts strategisch ausgefeilter „Salamitaktiken", ist das Veröffentlichen von Kurzaufsätzen zielsetzend anstelle des Schaffens eines wissenschaftlichen Lebenswerks wie es Humboldt und Gauß vollbracht haben. Der *Kosmos – Entwurf einer physischen Weltbeschreibung* vom realhistorischen Alexander von Humboldt benötigte jahrzehntelange Planung sowie Ausführung und wurde in fünf Bänden von 1845 bis 1863 veröffentlicht. Die „Vermessung der Welt" ist einer „Vermessung der Zitationshäufigkeit" gewichen.

9. Das Vermessen der Welt: Die Uniform am Leib, den Sextanten im Gepäck

In „tadellos preußischer Uniform"[68] sammelt Kehlmanns Humboldt Daten über Daten, fasst sie zusammen und verkörpert den letzten Typus einer Generation von Wissenschaftlern, den Goethe als das Idealbild eines Forschers ansah.[69] In Südamerika ist der Sextant sein ständiger Begleiter und gilt als das Beweisinstrument für Humboldt. Das Werkzeug wissenschaftlichen Arbeitens ist vielmehr eine gefühlsbetonte Bindung, wie es kaum ein Mensch in Humboldt hervorbringen kann. Er liebt seine Instrumente, pflegt sie bedachtsvoll und bewahrt sie stets griffbereit in seiner Nähe auf. Das Befördern der teuren Messgeräte vertraut er nur den besten und gewissenhaftesten Trägern an bei den Märschen im Dschungel. Das Ausmessen der Erdoberfläche, die Geodäsie, und das Kartografieren hat oberste Priorität. Eine Sonnenfinsternis mit den Augen bewusst zu erleben, ist demzufolge zweitrangig im Vergleich zu einer bedeutenden Höhenwinkelvermessung für die Welt.[70] Erst dieses Verfahren bescheinigt endgültig die Existenz des Orinokos, als Humboldt die untergehende Sonne mit dem Sextanten fixiert und den Winkel zwischen der Jupiterbahn und jener des vorbeiwandernden Mondes misst.[71]

Dagegen betrachtet die Romanfigur Gauß den Sextanten als primitives Hilfsmittel seiner Zeit, das in der Zukunft von neuen Methoden der Vermessung abgelöst wird.

---

[68]Kehlmann 2005, S. 51.
[69]Vgl. Kleinschmidt 2008, S. 81.
[70]Vgl. Kehlmann 2005, S. 80.
[71]Vgl. Ebd., S. 135.

Seine Tätigkeiten als Landvermesser sind nicht mehr als eine unliebsame Pflichtaufgabe zur Sicherung der Lebensgrundlage. Für Humboldt ist es der elementare Bestandteil seiner Wissenschaft, der ihn „stets mit Hochgefühl erfüllte, wenn etwas gemessen wurde, diesmal war er trunken vor Enthusiasmus. Die Erregung ließ ihn mehrere Nächte nicht schlafen."[72] Im Gegensatz zu Humoldt als letzten großen Entdecker, ist Gauß einer der ersten modernen Wissenschaftler. Seine wissenschaftlichen Verfahren sind ergebnissorienter und zeitsparender. „Man brauchte nicht auf Berge zu klettern oder sich durch den Dschungel zu quälen. Wer diese Nadel beobachtete, sah ins Innere der Welt.",[73] bekräftigt Gauß. Beide hingegen betrachten das Vermessen als einen Schöpfungsakt.[74] „Und den Raum an sich gebe es dort, wo Landvermesser ihn hintrügen."[75], sagt ein überzeugender Humboldt. Die Wahrheit liegt in der Vermessung, alles zuvor ist lediglich ein Mythos. „Manchmal war ihm, als hätte er den Landstrich nicht bloß vermessen, sondern erfunden, als wäre er erst durch ihn Wirklichkeit geworden."[76], besinnt sich Gauß bei einem Spaziergang.

Der Vorgang der „Vermessung der Welt" als Titel des Romans verweist auf eine globale und kosmische Dimension. Kehlmann thematisiert die wissenschaftliche Quantifizierung aller Lebensbereiche. Das Vermessen der Welt bedeutet zugleich das Verstehen der Welt. Exemplarisch hierfür die Szene mit Gauß beim Zahnarzt. Der Fortschritt kann eine bessere Lebensqualität ermöglichen. Parallel wird die Welt durch die Wissenschaft farbloser und es geht unendlich viel verloren.[77] Aus der Darstellung einer fernen Vergangenheit heraus, kritisiert der Roman die moderne Fortschrittsideologie, die einer Illusion folgt alles sei beherrschbar, vor allem die Natur.

10. Respektverhältnis in Erwachsenentagen: Ein Leben in Verdoppelung

Die Beziehung der Humboldt-Brüder wandelt sich im Roman von Rivalität zu einem Vertrauensbewusstsein und Zustand der Intimität. Der rege und fortlaufende Briefverkehr gewährt Hilfe und gegenseitige Unterstützung. Kehlmanns Humboldt ordnet der Forschung alles unter, verbietet sich jede Art von aufkommender Zuneigung durch Menschen. Einzig sein Bruder Wilhelm bietet die Möglichkeit Gefühle zu offenbaren. Am Sterbebett der Schwägerin ereignet sich ein kurzer, aber mitreißender

---

[72]Ebd., S. 39.
[73]Ebd., S. 272.
[74]Vgl. Pütz, S. 54.
[75]Kehlmann 2005, S. 115.
[76]Ebd., S. 268.
[77]Vgl. Kleinschmidt 2008, S. 80.

Dialog zwischen den Brüdern: „Immer noch die Knaben? Das hast du gewußt? Immer."[78] Angesichts dieser Bekenntnis zur Pädophilie, erklärt sich Humboldts Verhalten in einem Dschungelzelt bei seiner Reise durch Südamerika, als er gewaltsam das Näherkommen eines Jungen abwehrt, um keine Entfaltung seiner Triebe herbeizuführen. Im Gegenzug beichtet Wilhem vor Aufbruch seines Bruders zur Russland-Expedition die wechselseitige Abhängigkeit und Bedingtheit ihrer Existenz:

> Man hat uns früh eingeschärft, daß ein Leben Publikum benötigt. Beide meinten wir, das unsere sei die ganze Welt. Nach und nach wurden die Kreise kleiner, und wir mußten begreifen, daß das eigentliche Ziel unserer Bemühungen nicht der Kosmos, sondern bloß der andere war. Deinetwegen wollte ich Minister werden, meinetwegen mußtest Du auf den höchsten Berg und in die Höhlen, für Dich habe ich die beste Universität erfunden, für mich hast Du Südamerika entdeckt, und nur Dummköpfen, die nicht verstehen, was ein Leben in Verdoppelung bedeutet, würde dafür das Wort Rivalität einfallen: Weil es Dich gab, mußte ich Lehrer eines Staates, weil ich existierte, hattest Du der Erforscher eines Weltteils zu werden, alles andere wäre nicht angemessen gewesen. Und für Angemessenheit hatten wir immer das sicherste Gespür. Ich ersuche Dich, diesen Brief nicht mit dem Rest unserer Korrespondenz auf die Zukunft kommen zu lassen, auch wenn Du, wie Du mir gesagt hast, von der Zukunft nichts mehr hältst.[79]

Der individuelle Bildungsweg ist nach Ansicht Wilhelms nicht ausschließlich selbstbestimmt, sondern kann fremdbestimmt sein.

11. Das Ende eines Wissenschaftlers: Das Altern von Wissen

Das Altern ist eines der tragenden Motive im Roman *Die Vermessung der Welt*. Kehlmann betitelt das Altern sogar als "Hauptthema des Buches"[80] Die Unterschiedlichkeit des Weltzugangs der Protagonisten Humboldt und Gauß ist durch ihre Gedanken zum Altern sichtbar. Gauß erkennt früh die eigene Sterblichkeit, bezichtigt die Nachwelt, dass sie sich über ihn und seine Zeit lustig machen wird. Er verspürt die Enge seiner Welt und will sich aus ihr und der Zeit befreien. Ein Selbstmordversuch resultiert aus dem verstörenden Besuch beim geistesverlorenen, senilen Kant und der Erkenntnis, die Fertigstellung der *Disquisitiones Arithmeticae* sei das vollbrachte Lebenswerk, fortan können nur Jahre in Mittelmäßigkeit folgen sowie das langsame Verkümmern aller Fähigkeiten bis hin zur Schwäche des Alters.[81] Der Bildungsweg eines Mathematikers verläuft in einem deutlich enger abgestecktem Zeit-

---

[78]Kehlmann 2005, S. 264.
[79]Kehlmann 2005, S. 265-266.
[80]Nickel 2008, S. 28.
[81]Vgl. Kehlmann 2005, S. 98-99.

raum. Die Altersgrenze für eine große wissenschaftliche Entdeckung liegt bei etwa 28 Jahren. Danach werden die geistigen Fähigkeiten zunehmend schwinden und eine bahnbrechende Publikation scheint unwahrscheinlich. „Obwohl er gerade erst dreißig war, bemerkte er, daß seine Fähigkeit zur Konzentration nachließ".[82], hadert Gauß mit sich. Er ist sich des Verrinnens der Zeit früh bewusst. Im Gegensatz bedient sich der Sprachwissenschaftler aus einem Fundus aus Erfahrungen. Das Altern ist vorteilhaft, um Bezüge herstellen zu können zwischen Texten.

Kehlmanns Humboldt ist bedacht auf den zu hinterlassenden Ruhm für die Nachwelt.[83] Den Alterungsprozess bemerkt er deutlich später als Gauß und thematisiert ihn nicht beständig. Die Expedition nach Russland im betagten Alter zeigt ihm schließlich erst die Grenzen seines geistigen und körperlichen Zustands. Die Messgeräte sind längst veraltet, die Wissenschaft hat sich gewandelt. Es scheint wie „eine Reise in der Zeit, als wäre man in ein Geschichtsbuch versetzt"[84], bemerken Humboldts Reisegefolgsleute Wolodin und Rose. Humboldt gilt lediglich als Repräsentationsfigur. Abhandlungen über seine wissenschaftlichen Ergebnisse zu erzählen, ist nicht im Sinne von Zaren und Rektoren, die ihn zu festlichen Anlässen einladen. Humboldt missfällt dieser Kult um seine Person und der Zwang Anekdoten zu berichten. „Gerede und Geschwätz [...] keine Wissenschaft. Er müsse Gauß unbedingt sagen, daß er jetzt besser verstehe."[85], erkennt Humboldt. Im gleichen Atemzug antwortet in Göttungen der Hunderte Kilometer entfernte Gauß: „Ich weiß, daß Sie verstehen. [...] Sie haben immer verstanden armer Freund, mehr, als Sie wußten." Kehlmann fügt eine geistige Gedankenübertragung zu Struktur und Inhalt der gemeinsamen Kapitel hinzu.

Am Ende der Russland-Expedition erwähnt Humboldts junge Wissenschaftlerbegleiterin Rose ihm gegenüber die bevorstehende Rückfahrt nach Berlin. Humboldt antwortet: „Also sei dies der Abschluß [...] der Scheitelpunkt, die endgültige Wende? Weiter werde er nicht kommen? Nicht in diesem Leben, sagte Rose."[86] Der Endpunkt wissenschaftlicher Beobachtungen ist gesetzt. Der Körper eines Menschen könne zwar noch existieren, aber die Prozesse der Wissensaufnahme und -produktion sind lange Zeit vorher beendet. Die Romanfigur Humboldt bezieht sich beim Vortrag im Saal der Berliner Singakademie auf die Verbindung zur Natur:

---

[82]Ebd., S. 155.
[83]Vgl. Spitzley 2011, S. 67.
[84]Kehlmann 2005, S. 275.
[85]Ebd., S. 290.
[86]Ebd., S. 289.

> Der Tod ist im Grunde nicht erst das Verlöschen und die Sekunden des Übergangs, sondern schon das lange Nachlassen davor, jene sich über Jahre dehnende Erschlaffung; die Zeit, in der ein Mensch noch da ist und zugleich nicht mehr [...] in der er noch vorgeben kann, es gäbe ihn. So umsichtig [...] hat die Natur unser Sterben eingerichtet![87]

Ausgehend dieser Rede Humboldts ist das lebenslange Lernen eine dringende Notwendigkeit, unabhängig einer wissenschaftlichen Tätigkeit. Der Tod setzt bereits ein, sobald der menschliche Denkapparat, das Gehirn, nicht mehr durch Reize und Impulse einer permanenten Benutzung unterliegt. Humboldt resigniert auf der Russland-Expedition bezüglich des Bedeutungsgrades von Wissenschaftlern und korrigiert seine eigenen Sichtweisen vergangener Jahre:

> Man dürfe die Leistungen eines Wissenschaftlers nicht überschätzen, der Forscher sei kein Schöpfer, er erfinde nichts, er gewinne kein Land, er ziehe keine Frucht, weder säe noch ernte er, und ihm folgten andere, die mehr, und wieder andere, die noch mehr wüßten, bis schließlich alles wieder versinke.[88]

Die Bildung hat kein Verfallsdatum, das Wissen allerdings schon. Das Leben eines Menschen reicht nicht aus, um all das Wissen der Welt aufnehmen und Neues erforschen zu können. Selbst wenn es ginge, haben nachfolgende Generationen vielfach neue Möglichkeiten der Forschung, bis diese wiederum von einer neuen Altersgemeinschaft abgelöst werden. Ein Bildungsweg ist niemals abgeschlossen. Es bleibt aber die Frage, was mit der Zeit passiert zwischen der eigenen geistigen Entfremdung und der körperlich anwesenden Hülle, die weiterhin lebt. Der heutige medizinische Fortschritt erlaubt eine gestiegende Lebenserwartung. Sobald der Geist versagt, kann neues Wissen nur begrenzt aufgenommen werden. Verbringen die Menschen die letzten Jahre des Lebens ohne Lernprozesse und Wissensdurst? Die Antwort darauf lässt sich an dieser Stelle nicht ergründen.

---

[87]Ebd., S. 263.
[88]Kehlmann 2005, S. 291.

12. Schlussbetrachtungen

Die gefährlichste aller Weltanschauungen ist die Weltanschauung derer, welche die Welt nie angeschaut haben.[89]

(Alexander von Humboldt)

Der realhistorische Alexander von Humboldt sprach diese Zeilen voller Überzeugung aus, nicht nur bezugnehmend auf die zeitlebens an einem Ort gebliebenen Kant und Hegel, stellte es seine Neugier auf die Welt heraus.

Zu erkennen, was die Welt im Innersten zusammenhält, ist der Antrieb von Kehlmanns Humboldt.[90] Seine weltumspannenden Aktivitäten, das Aufspüren von Regelmäßigkeiten durch eigene Beobachtungen, bringt Humboldt nicht zu unrecht den Titel des wahren Entdeckers von Amerika ein. Auf der Südamerikareise nimmt er nicht nur Wissen mit, er lässt auch Wissen in der Neuen Welt. Das Ansehen des deutschen Naturforschers in Amerika ist kaum zu benennen. Das amerikanische Unterrichtswesen verdankt Humboldt Bildungsstandards durch die Errungenschaften der ersten geologischen Profile, der ersten Durchschnitte eines Kontinents oder die ersten graphischen Jahresmittel von Klimaten.[91] Alle Menschen sollen von seinem erbrachtem Wissen profitieren und ihre Bildung bereichern können. Humboldt erachtet es von höchster Bedeutung das erworbene Wissen nicht nur in Begriffe zu fassen, sondern es in lebendiger und anregender Sprache zu vermitteln.

Der große Konflikt zwischen Neptunisten und Plutonisten mündet in der Erkenntnis, die Gesteine und Berge sind aus vulkanischen Kräften entstanden. Ausgehend der empirischen Vorgehensweise Humboldts als unaufhaltsamer Entdecker folgt er den Hinweisen seiner Beobachtungen und widerlegt schlussendlich Werners Theorien. Der waghalsige Abstieg in den schlammigen Vulkankrater setzt Humboldt wie auf seiner gesamten Reise durch Südamerika ungeheuren Gefahren und Strapazen aus. Keine Scheu vor körperlicher Anstrengung und Aufopferung zu haben, zeugen nicht nur von Mut, sondern von einer nie zuvor gesehenen Hingabe im Sinne der Wissenschaft. Humboldts Gesundheit scheint in den Tropen ungebändigt zu sein und regelrecht aufzublühen. Das Reisen, die Feldforschung sind sein Lebensinhalt. Selbst die

---

[89]Fischer 2015, Videodokumentation EINFACH GESCHICHTE [17.10.2016]
[90]Vgl. Goethe 1927, S. 28.
[91]Vgl. Barth 2009, S. 269.

indianischen Ureinwohner staunen vor dieser Entschlossenheit.

Kehlmann gelingt es die Bildungswege unnahbarer Wissenschaftler für ein großes Publikum zugänglich zu machen und konstruiert eine Welt individueller Figuren mit unterschiedlichen Motivationsstrukturen. Ein Geisteswissenschaftler bringt den Lesern die Naturwissenschaften literarisch näher. Er zeigt die gänzlich ungleichen Lebenswege von Gauß und Humboldt, die innerhalb einer Generation unterschiedliche Bildungsvorstellungen vertreten, aber ein gemeinsames Ziel haben: Die Rätsel der Welt zu entwirren. Kehlmann beschreibt nicht allein mit hochachtungsvollem Blick die Forschergrößen, sondern zeigt gleichwertig ihre Begrenztheit auf.

Die eingangs dieser Hausarbeit gestellte Frage, ob Bildungswege einen fixierten Endpunkt haben, kann nur individuell beantwortet werden, genauso wie jeder Bildungsweg individuell gestaltet ist. Das Entwickeln einer Persönlichkeit ist das Ziel und Konzept der Selbstbildung. Daraus ergeben sich die Fähigkeiten einer Urteils- und Handlungsperspektive. Die eigene Aktivität und das gesellschaftliche Zusammenleben sind die entscheidenden Faktoren, um als gebildeter Mensch angesehen zu werden und es zu bleiben. Sich mit Tausend Büchern in einem Haus zu verbarrikadieren und nie wieder das Tageslich zu erblicken, sollte daher als kritisch betrachtet werden. Eine Kommunikation mit der Umwelt findet auf diesem Weg nicht statt. Die Isolation trägt in keiner Weise zur Bereicherung der Umwelt bei. Das Wissen ist tot.

Der Prozess des Lernens darf nicht in einer bloßen Informationssackgasse enden, die nur das Ziel einer kurzfristigen Wissensabfrage beinhaltet. Vielmehr gilt es die eigenen Interessen zu erkennen und diesen ausreichend Zeit zu widmen. Der Bildungsweg eines Menschen ist ein fortlaufender Prozess. Die Wichtigkeit des Austauschs mit der Umwelt zeigt sich in den Worten des realhistorischen Goethe, der über Alexander von Humboldt voller Bewunderung sagte: „Man könnte in acht Tagen nicht aus Büchern herauslesen, was er einem in einer Stunde vorträgt."[92]

---

[92]Starbatty 1990, S. 433.

13. Literaturverzeichnis

Primärliteratur

Kehlmann, Daniel: *Die Vermessung der Welt*. Reinbek bei Hamburg 2005.

Sekundärliteratur

Aristoteles: Poetik, übers. u. hg. v. Manfred Fuhrmann. Stuttgart 1982, S. 29.

Barth, Reinhardt: *Alexander von Humboldt. Abenteurer, Forscher, Universalgenie.* Berlin 2009, S. 269.

Froissard, Vincent u. **Le Roux**, Étienne: *Humboldts letzte Reise*. München 2015.

Gasser, Markus: *Das Königreich im Meer. Daniel Kehlmanns Geheimnis*. Göttingen 2010, S. 84.

Geppert, Hans-Vilmar: *Der historische Roman. Geschichte umerzählt – Von Walter Scott bis zur Gegenwart*. Tübingen 2009, S. 9.

Goethe, Johann Wolfgang von: *Faust*. Berlin 1927, S. 28.

Goethe, Johann Wolfgang von: *Wilhelm Meisters Wanderjahre*. Stuttgart 1982, S. 360.

Haberkorn, Michaela: *Naturhistoriker und Zeitenseher. Geologie und Poesie um 1800. Der Kreis um Abraham Gottlob Werner (Goethe, A.v. Humboldt, Novalis, Henrik Steffens, G.H. Schubert)*. Frankfurt am Main 2004, S. 66f., S. 78.

Hansmann, Otto: *Die Bildung des Menschen und des Menschengeschlechtes. Eine herausfordernde Synopse vom 18. Jahrhundert bis zur Gegenwart*. Berlin 2014, S. 9.

Hentig, Hartmut von: *Bildung. Ein Essay*. Weinheim 2004, S. 16.

Humboldt, Alexander von / Jürgen Starbatty (Hg.): *Die Reise nach Südamerika.* Göttingen 1990,S. 430f., S. 433.

Kehlmann, Daniel u. **Kleinschmidt**, Sebastian: *Requiem für einen Hund.* Berlin 2008, S.80/81.

Kohpeiß, Ralph: *Der historische Roman der Gegenwart in der Bundesrepublik Deutschland. Ästhetische Konzeption und Wirkungsintention.* Stuttgart 1993, S. 38

Krautz, Jochen: *Ware Bildung. Schule und Universität unter dem Diktat der Ökonomie.* München 2007, S. 21.

Lederer, Bernd: *Bildung. Eine Sammlung von Definitionen und Charakterisierungen eines schillernden Begriffs.* Baltmannsweiler 2015, S. 12, S. 31.

Maslow, Abraham H.: *Motivation und Persönlichkeit.* Reinbek bei Hamburg 1981, S. 388.

Novalis: *Dichter über ihre Dichtungen.* Passau 1976, S. 78.

Pütz, Wolfgang: *Daniel Kehlmann – Die Vermessung der Welt.* Oldenbourg Interpretationen. München 2008, S. 54.

Spitzley, Nicole: *Interpretationen - Deutsch. Daniel Kehlmann Die Vermessung der Welt.* Freising 2011, S. 1, S. 34, S. 43, S. 67.

Taube, Magdalena u. **Woznicki**, Krystian (Hg.): *Modell Autodidakt.* Berlin 2011, S. 24.

Wagenbreth, Otfried: *Geschichte der Geologie in Deutschland.* Stuttgart 1999, S. 36-39.

Zeitschriften:

Spaemann, Robert: *Wer ist ein gebildeter Mensch?* In: *Scheidewege.* Jahresschrift für skeptisches Denken. 1994/1995, S. 34-37.

Sammelband:

Goethe, Johann Wolfgang von: *Über den Granit*. Goethe-HA Bd. 13, S. 254.

Schweim, Lotahr: *Schulreform in Preußen 1809-1819. Entwürfe und Gutachten.* Bd. 30, S. 37.

Aufsatz aus einem Sammelband:

Drouin, Jean Marc: *Von Linne zu Darwin. Die Forschungsreisen der Naturhistoriker.* In: Serres, Michel (Hg.): *Elemente einer Geschichte der Wissenschaften.* Frankfurt am Main 1994, S. 569-595.

Fröschle, Ulrich: *Wurst und Sterne. Das Altern der Hochbegabten in Die Vermessung der Welt.* In: Nickel, Gunther (Hg.): *Daniel Kehlmanns Die Vermessung der Welt.* Materialien, Dokumente, Interpretationen. Reinbek bei Hamburg 2008, S. 186-197.

Nickel, Gunther: *Ich wollte schreiben wie ein verrückt gewordener Historiker. Ein Gespräch mit Daniel Kehlmann in der Frankfurter Allgemeinen Zeitung 9. Februar 2006.* In: Ders. (Hg.): *Daniel Kehlmanns Die Vermessung der Welt.* Materialien, Dokumente, Interpretationen. Reinbek bei Hamburg 2008, S. 26–35.

Wittstock, Uwe: *Die Realität und ihre Risse. Laudatio zur Verleihung des Kleist-Preises 2006 an Daniel Kehlmann.* In: Nickel, Gunther (Hg.): *Daniel Kehlmanns Die Vermessung der Welt.* Materialien, Dokumente, Interpretationen. Reinbek bei Hamburg 2008, S. 113.

Vorträge:

Häcker, Roland: *Die Vermessung der Welt.* Sindelfingen 21.06.2010.

Internet:

HiN Zeitschrift für Humboldt-Studien XIII, 25 (2012): http://www.hin-online.de/index.php/hin [letzter Zugriff 14.09.2016]

Videodokumentation:

Fischer, Marti: EINFACH GESCHICHTE. Alexander von Humboldt – Der große Entdecker. Veröffentlicht am 15.03.2015.
https://www.youtube.com/watch?v=vbEPwpd5CRQ [letzter Zugriff 17.10.2016]